UNE SÉANCE

AU SÉNAT

Par T. JOLIVET

Le ridicule tue ; toute arme est
bonne contre l'ennemi.

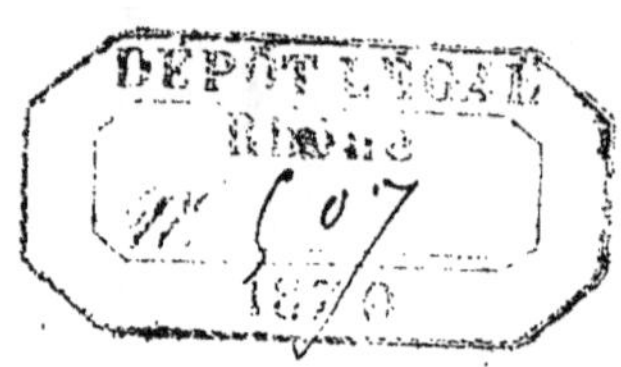

LYON

Imprimerie E.-B. LABAUME, cours Lafayette, 5

1870

UNE SÉANCE AU SÉNAT.

C'était le 8 mars 1856. L'impératrice était au mal d'enfant, et le Sénat assemblé attendait l'issue de l'évènement pour rédiger séance tenante un adresse de félicitations à l'Auguste Papa.

L'un des huissiers de service, engagé dans une partie à Courbevoie, avait naturellement sacrifié son devoir à ses plaisirs, et s'était fait remplacer par un de ses amis, ventriloque éméiite, qui voulut s'amuser aux dépens du premier grand corps de l'Etat.

De là cette séance peu connue, mais très-authentique, et qui restera comme le type de beaucoup d'autres au Sénat.

SÉNAT.

Séance du 8 mars 1856.

PRÉSIDENCE DE SON EXCELLENCE M. TROPLAT.

L'un de MM. les secrétaires donne lecture du procès-verbal de la dernière séance.

Son Exc. M. Troplat : Quelqu'un demande-t-il la parole sur le procès-verbal ?

M. le marquis de Boismort : Je demande la parole.

Son Exc. M. Troplat : Vous avez la parole.

M. le marquis de Boismort : Hier, en prononçant mon discours sur la politique extérieure de l'Empire, j'ai dit : qu'il était de l'intérêt et de la dignité de la France d'opposer une digue aux convoitises de l'Italie et *de défendre contre elles le St-Siège père de tous es fidèles* (très-bien ! très--bien ! vous aviez raison !), le compte-rendu des débats me fait dire : *Défendre l'Eglise mère de tous les fidèles.*

Une voix : Hé bien ! n'est-ce pas exactement la même chose? (mais non ! mais si ! mais non !)

M. le marquis de Boismort : Permettez, messieurs, c'est bien différent.

M. de Ste-Bévue, (ironiquement): Comment, messieurs, vous ne voyez pas la différence? (bruit.)

Son Exc. M. Troplat : Je vous avoue, M. le Marquis, que je ne saisis pas du tout l'importance de la rectification que vous demandez. Au fond, c'est identiquement la même chose; quant à la forme, je vous avoue encore que des deux métaphores assez rebattues entre lesquelles il faut choisir, celle adoptée par le compte-rendu me paraît peut-être préférable. (marques générales d'assentiment.)

M. le marquis de Boismort : Quelque déférence...

Son Exc. M. Troplat (l'interrompant vivement): Ecoutez, M. le Marquis, je ne veux pas discuter. Tenez-vous beaucoup à la rectification que vous demandez ?

M. le marquis de Boismort : Enormément, M. le Président.

Son Exc. M. Troplat (d'un ton sec) : La rectification sera faite.

Le Ventriloque (sur le fauteuil de M. de Ste-Bévue) : Quel crétin ! (mouvement de stupéfaction.)

Quelques Sénateurs qui paraissent n'avoir pas compris interrogent leurs voisins et sont mis au fait. Bientôt l'on entend de toutes parts les cris de : Ce n'est pas parlementaire ! à l'ordre ! c'est un scandale !

Une voix : Faites des excuses, le Sénat les accueillera peut-être, mais j'en doute.

M. de Ste-Bévue : Je n'ai point d'excuses à faire. (redoublement de cris.)

Son Exc. M. Troplat : Je vous en prie, M. de Ste-Beuve, je vous en supplie, au nom de la dignité du Sénat, au nom de l'Empereur que nous aimons tous (oui ! oui !), faites des excuses, fournissez au moins une explication.

M. de Ste-Bévue : Je vous répète que je n'ai rien à fournir ; c'est un simple malentendu, et.....

Voix diverses : Comment, un mal entendu ? Nous avons parfaitement bien entendu.

Autres voix : Nous aussi. (oui ! oui !)

Son Exc. M. Troplat : Vraiment, M. de Ste-Bevue, vous me feriez douter que vous ayez encore de l'esprit.

Le comte Sédur d'Etsisseau : Son exclamation n'est que grossière. Ce n'est pas un homme d'esprit.

M. de Ste-Bévue (mouvement d'attention) : Puisque vous me prenez par ce côté, et qu'il vous faut à toute force une explication (oui ! oui !), je vais vous la donner. (Ecoutez ! écoutez !)

En voyant notre honorable collègue, le marquis de Boismort, prendre tant de soin à bien faire connaître au monde entier que la France, selon lui, doit défendre le père ou la mère des fidèles, je me suis écrié..... j'ai pu m'écrier : Quel chrétien ! Il me semble que le mot était parfaitement en situation.

De toutes parts : Très-bien ! très-bien ! à la bonne heure : nous avions mal entendu !

Le duc de Montebeloiso : Savoir si c'est bien vrai !

Son Exc. M. Troplat : Allons, M. le duc, ne ravivez pas ce fâcheux incident.

Le procès-verbal est adopté.

Son Exc. M. Troplat (mouvement général d'attention) : Messieurs les Sénateurs, nous sommes réunis ici pour attendre le grand évènement qui se prépare....

Le Ventriloque (sur le fauteuil du baron Hausstblag) : ...Depuis neuf mois. (bruit.)

Son Exc. M. Troplat : Votre interruption est peut-être spirituelle, mais, permettez-moi de vous dire que dans tous les cas je la trouve fort déplacée.

Un grand nombre de voix : C'est vrai ! c'est vrai !

M. le baron Hausstblag : Permettez, M. le Président.....

Son Exc. M. Troplat : Je ne vous permets rien du tout ; vous ne feriez qu'aggraver votre inconvenance par vos explications. (marques d'approbation.)

M. le baron Hausstblag : Mais cependant.....

De toutes parts : Assez ! assez !

Son Exc. M. Troplat : Au moment où le Ciel va donner à la France et à son auguste Souverain une marque si visible de sa protection, et combler peut-être nos vœux les plus chers en assurant la perpétuité d'une dynastie si glorieusement commencée ; pendant que nous voudrions être tout entiers aux actions de grâces, un grand malheur vient pourtant de frapper le Sénat. Je viens d'être informé, et j'ai la douleur de vous apprendre que l'honorable vicomte de Folmaiche, notre collègue, vient de.....

Le Ventriloque (*sur le fauteuil du baron Hausstblag*) :.....Dévisser son billard. (Explosion de murmures.)

Son Exc. M. Troplat : Cela, M. le baron, n'est plus spirituel du tout, mais c'est de plus en plus inconvenant. Le sentiment, j'ose le dire, unanime du Sénat vous montre assez qu'avant tout il veut être respecté.

M. le baron Hausstblag : Mais je le respecte le Sénat, et.....

Une voix : Ah bien ! elle est bonne celle-là ! (bruit.)

Une autre voix : Rappelez-le à l'ordre, M. le Président.

Son Exc. M. Troplat : Vous voyez, M. le baron, combien le sentiment que vous avez excité est vif, et je le répète, unanime. (marques d'assentiment.) Je pourrais certainement vous rappeler à l'ordre.......

Le révérend père Signy : Oui ! (Mouvement.)

Son Exc. M. Troplat : ....Mais vous êtes trop mon ami pour que j'use de rigueur avec vous. Le règlement du reste est uniquement fait pour ne pas être appliqué. (Très-bien ! très-bien !) Je préfère vous prendre par les sentiments. (Approbation générale.)

Je sais que vous êtes un homme d'esprit (oui ! oui !) et que les loisirs que vous dérobez à vos grands travaux....

Une voix : Oh oui ! grands travaux !

Son Exc. M. Troplat : .....Vous les allez régulièrement goûter chez Chienchinette. (Violentes protestations.)

M. le comte Sedur d'Etsisseau : Et c'est vous, M. le Président, qui tenez un pareil langage !

M. le duc de la Tour d'Enface : Que voulez-vous attendre d'un Robin parvenu. (Ah ! ah !)

M. de Mauvaispas (*avec conviction*) : Moi-même, messieurs, j'en suis dégoûté. (Marques d'étonnement.)

Une voix : Ah ! ça c'est fort par exemple !

Nouveaux cris : A l'ordre ! à l'ordre ! On ne peut pas tolérer un pareil langage. (Oui ! oui ! tumulte.)

Au milieu du bruit M. Tonneau de la Sizerane parvient à faire entendre quelques mots. On distingue ceux-ci :

Messieurs, je crois que le Sénat entier et son président ont également besoin d'être rappelés à la pudeur. (Protestations, si ! non !)

Une voix : Le Sénat n'a rien à faire avec la pudeur. (C'est vrai ! c'est vrai !)

Le Ventriloque (sur le fauteuil d'un vieux Sénateur à rouge trogne) : Ne l'écoutez pas, c'est un marchand de vins. Ah ! qu'il est saoul.

M. Tonneau de la Sizerane : Insolent !

De toutes parts : A l'ordre ! à l'ordre ! Le tumulte est à son comble.

Le Président se couvre et demeure impassible. Pendant quelques instants le bruit se continue ; les interpellations se croisent ; quelques membres ont presque l'air de se menacer.

Peu à peu pourtant le calme se rétablit. Plusieurs Sénateurs paraissent exténués sous l'effort qu'ils viennent de faire ; en un mot, le tumulte finit faute de tumultueux. Bientôt le silence se fait au point qu'on entendrait voler une des abeilles d'or du manteau impérial.

Son Exc. M. Troplat : Messieurs, est-ce bien le Sénat, est ce bien le premier grand corps de l'Etat qui vient de donner le spectacle affligeant dont nous venons d'être témoins ?

Ah ! messieurs, si nos séances étaient publiques, que dirait le pays? (c'est vrai ! c'est vrai !)

Ces scélérats de journalistes auraient beau jeu ! (rugissements.)

Une voix : Ne prononcez pas le nom de ces gens-là ! (Très-bien ! très-bien !)

S. Ex. M. Troplat, continuant : Enfin, messieurs, heureusement que nous avons lavé notre petit linge sale en famille. (Marques générales de satisfaction.)

Messieurs, je ne veux pas occuper plus longtemps les instants précieux du Sénat ; mais de tout ce qui vient de se passer, je vous demande cependant la permission de tirer un enseignement.

M. Tendruy : Oui, il faut toujours tirer de tout un enseignement. L'instruction gratuite et obligatoire ! Je ne vois que ça. (Oui ! oui ! Très-bien !)

S. Ex. M. Troplat : Cet enseignement le voici : C'est que vous avez été vingt fois plus indulgents pour le baron Hausstblag que pour moi. (Oh! Oh!)

D'abord c'est lui qui a commencé. (C'est vrai ! c'est vrai !) Il a lancé un trait d'esprit fort contestable contre une auguste personne. (De toutes parts, cris répétés de : vive l'Impératrice !) Enfin, il s'est servi d'une expression grossière et déplacée vis-à-vis d'un de nos collègues... (La voix du président, en proie à une visible émotion, faiblit) qui n'est plus. (Attendrissement général, plusieurs sénateurs tirent leurs mouchoirs et se mouchent).

S. Exc. M. Troplat, continuant : Le procédé de l'honorable baron était d'autant plus inexcusable que le regretté vicomte de Folmaiche était précisément l'un de ses amis et qu'ils se voyaient journellement chez Chienchinette.

M. le comte Sigisbé de Cardoff, d'un air pudibond : Encore ce nom !

Son Exc. M. Troplat : Ha bien ! Je vous conseille d'être rigoriste, vous !

M. le comte Sigisbé de Cardoff : Voudriez-vous par hasard jeter une pierre dans le jardin de ma vie privée ?

Le prince Pognatouskitrouw, fredonne l'air célèbre de Guillaume-Tell — « O Mathilde, idole de mon âme... »

M. le comte Sigisbé de Cardoff, avec dignité : Vous oubliez, M. le prince, que vous n'êtes point ici à l'opéra.

Voix diverses : N'interrompez pas ! Laissez parler M. le président. *Son Exc. M. Troplat :* Hé ! Mon Dieu ! Il faut être homme dans les choses humaines, et en parlant de Chienchinette, je n'avais nullement l'intention de blesser l'honorable baron Hausstblag. Voyons, soyez francs, messieurs ; quel est celui d'entre vous qui n'a pas sa petite Chienchinette ? (Sourires.)

Une voix : Et vous ?

Une autre voix, ironiquement : Voyez donc le bon apôtre !

Son Exc. M. Troplat, avec dignité : En ce qui me concerne, messieurs, je vous jure bien que jamais madame Troplat... (Exclamations.)

Un sénateur contrefaisant la voix de M. le président : ..... *que jamais madame Troplate...* Vous n'en avez que plus de mérite M. le président. (Rires prolongés.)

Diverses voix : La clôture ! la clôture !

M. le baron Hausstblag : Je demande la parole. (La clôture ! la clôture !) Je demande la parole pour un fait personnel. (Asssez ! non !

non !) Plusieurs sénateurs se mettent à jouer des airs variés de mirliton. Le baron Hausstblag prononce quelques paroles que le bruit empêche de parvenir jusqu'à nous.

Son Exc. M. Troplat : Je vous en prie, monsieur le baron, ne vous obstinez pas à vouloir garder la parole lorsque le sentiment de la Chambre se manifeste si énergiquement.

M. le baron Hausstblag regagne sa place en protestant.

Son Exc. M. Troplat : Je mets la clôture aux voix.

Le Sénat prononce la clôture.

Son Exc. M. Troplat : Notre collègue le comte Sigisbé de Cardoff me fait passer un ordre du jour motivé ainsi conçu : (Lisez ! lisez !)

« Le Sénat, considérant que les expressions dont le baron Hausst« blag s'est servi mériteraient d'être blâmées pour ne pas dire flétries,
« passe à l'ordre du jour. »

Voix nombreuses : Votons ! votons !

Une voix : Bravo , M. de Cardoff ! Et dire que l'on prétend que le baron vous prêtait de l'argent, oh ! la calomnie !

Quelques voix : Pas de personnalités. (Oui ! oui ! très-bien !)

Son Exc. M. Troplat : Messieurs , il y a une demande de scrutin signée illisiblement ; je ne puis par conséquent pas vous en indiquer les auteurs.

Le maréchal Randonnoux : Ça ne fait rien ! (Mouvement.)

On procède au scrutin.

M. Somme (se réveillant) : Je demande la parole contre la clôture ! (on rit.)

L'ordre du jour motivé est adopté à l'unanimité, moins une voix.

Le révérend père Signy : Moins une voix ! mais c'est scandaleux ! la désunion est parmi nous.

M. de Mauvaispas : C'est le noyau d'une opposition qui se forme. Nous sommes perdus ; c'est clair.

Le maréchal Randonnoux : Bigre ! alors sauvons-nous.

Son altesse Crinplon : Et surtout n'oublions pas la caisse ! (mouvement, bruit.)

Son Exc. M. Troplat (agitant la sonnette présidentielle) : Messieurs les Sénateurs, je réclame un peu le silence. Votre émotion me semble peu justifiée. Comment voulez-vous qu'il ait pu y avoir unanimité ? Il est bien clair que M. le baron Hausstblag ne pouvait pas voter pour......

Le Ventriloque (sur le fauteuil de M. Hausstblag) : Faut-il qu'ils soient bêtes !

Diverses voix : C'est évident ! c'est évident !

Un grand nombre de Sénateurs descendent de leurs bancs et viennent serrer la main au baron Hausstblag.

Des voix : L'ordre du jour ! l'ordre du jour !

Son Exc. M. Troplat : L'ordre du jour appelle l'adresse à l'Empereur ; mais je crois qu'il serait nécessaire avant de nous en occuper, que nous connussions le sexe de l'enfant. (c'est juste ! très-bien ! très-bien !)

M. le comte F. de l'Hortensinière (rentrant dans la salle) : C'était précisément pour cela que j'étais sorti il y a un instant. (Mouvement d'attention.)

De toutes parts : Montez à la tribune, nous vous écoutons.

M. le comte F. de l'Hortensière (à la tribune) : Dans mon impatience j'étais sorti pour aller aux informations. Je me suis avancé de quelques pas dans la rue de Tournon (redoublement d'attention), mais je n'ai rien vu venir.

Le Ventriloque (sur le fauteuil de M. Hausstblag) : Vous êtes comme sœur Anne dans la légende de Barbe bleue ! (On rit.)

Une voix : Traiter de la sorte le grand père du petit ! Respect, tu t'en vas !

Son Exc. M. Troplat : Vous êtes bien incorrigible, M. le Baron, mais cette fois la plaisanterie est fine et sans aigreur.

M. de Ste-Bévue : C'est cela, soyez fin, mais pas aigre-fin. (Sourires d'approbation.)

Un huissier remet un pli au président.

Son Exc. M. Troplat : Messieurs, une personne étrangère au Sénat me fait demander l'autorisation de venir lui faire une proposition de la plus haute importance. (Bruit.)

Diverses voix : Mais c'est impossible.

M. le duc de Montebéloiso : C'est contraire à la Constitution. (Oui ! oui !)

M. le comte de Sedur d'Etsisseau : Sans doute ; mais nous allons peut-être nous priver d'entendre une communication importante. Qui sait si cela n'intéresse pas le salut de l'empire ? (Approbation sur quelques bancs.)

Le révérend père Signy : Je demande la parole.

Une voix : Gare au discours.

Son Exc. M. Troplat : Vous avez la parole.

Le révérend père Signy : Messieurs, j'ai toujours eu pour principe d'y rester constamment fidèle.... aux principes. Je m'en suis toujours bien trouvé, et la carrière que j'ai parcourue, les divers rôles que.....

Le Ventriloque (sur le fauteuil de M. Grosjean) : Retournez en faire des rôles ; je vous ferai entrer au greffe de ma cour. (Exclamations ! c'est une indignité ! traiter ainsi un ami personnel du souverain ! Rappelez-le à l'ordre, M. le Président ! Oui ! oui ! à l'ordre !)

Le révérend père Signy : Non, messieurs, laissez dire ; ses injures n'arriveront jamais à la hauteur de mon dédain. (Tonnerre d'applaudissements.) Je continue et je dis : il est toujours mauvais de sortir des principes.

On n'y peut plus rentrer quand on en est dehors.

Voix : Bravo ! charmant !

Le révérend père Signy : Il est surtout dangereux de créer un précédent....

M. le marquis de Boismort : Voulez-vous me permettre une interruption ?

Le révérend père Signy : Bien volontiers, monsieur le Marquis !

M. le marquis de Boismort : J'ai beaucoup connu dans le temps les Fialin de Peresigny et les Filou de Peresigny. Ces familles sontelles alliées à la vôtre ?

Le révérend père Signy : Oui, monsieur le Marquis, je descends des Fialin de Peresigny par ma tante et des Filou de Peresigny par mon père que je n'ai d'ailleurs jamais connu.

M. le marquis de Boismort : Mais alors votre famille est de la plus haute origine.

Le révérend père Signy : Certainement. Quand on nous f.. . à la porte nous rentrons par la fenêtre.

M. le marquis de Boismort : Oui ; il me semblait bien en effet que vous remontiez aux Croisés. Je vous demande pardon de vous avoir interrompu.

Le révérend père Signy : Comment donc ? Vous m'avez fourni l'occasion de parler de mes ancêtres ; c'est toujours agréable pour un gentilhomme.

Je reprends mon discours, messieurs, et je dis : Il est dangereux de créer un précédent. Or, messieurs, que vous demande-t-on ?

De créer un précédent, (oui ! oui !) et quel précédent !

Quoi ! un homme, un individu passera devant la porte du Sénat et se dira : Tiens, si j'allais tailler une bavette avec ces messieurs. Et vous l'admet'riez ?

Cela, messieurs, n'est pas sérieux, et ne peut soutenir un instant la discussion. (Marques d'approbation.)

M. le baron Bijou-d'Ecrin : Vous vous êtes placé, mon révérend — vous me permettez de vous contredire , mon révérend ?

Le révérend père Signy : Parfaitement.

M. le duc Bijou-d'Fcrin : Vous vous êtes placé, dis-je, à un point de vue tout à la fois général et particulier ; général, puisque , comme c'est votre habitude, vous avez posé la question de principe ; particulier, parce que vous supposez que la demande d'introduction, — d'introduction , vous entendez bien (*on chuchotte en riant*),— nous est faite par le premier venu ; or c'est peut-être.....

M. le duc de Montebeloiso : En effet, le nom, M. le Président, le nom de celui qui.....

Son Exc. M. Troplat : C'est juste. Hé bien ! c'est M. Février du Nombril.

De toutes parts : Oh! alors c'est différent ! Qu'il entre.

M. Février du Nombril est introduit. (Sensation).

Voix : à la tribune ! à la tribune !

M. Février du Nombril (à la tribune) : Meseieurs, vous me connaissez tous. (Oui ! Oui !) Vous savez que je suis préfet d'un département voisin. Je n'y suis jamais (très bien ! très bien !). Je suis presque toujours à Paris. J'y aime la pompe d'une cour souveraine. Si je retourne quelquefois dans mon département, c'est que j'y aime aussi les pompiers.

Voix : Nous les aimons tous.

M. Février du Nombril : Il faut que j'aie toujours à aimer quelque chose.

Un vieux sénateur avec un soupir : Il est dans l'âge... moi, c'est différent.

M. Février du Nombril : Je suis le père des pompiers (tonnerre d'applaudissements). Savez-vous ce que je voudrais (pas encore !) Eh bien ! je voudrais que tous les pompiers assistassent à la naissance du Prince Impérial. Car ce sera un fils, n'en doutez pas (Oui oui ! il le faut ,

Un sénateur : Je demande que la France entière y soit (mouvement).

M. Février du Nombril ; Permettez, monsieur, vous demandez l'impossible. Comment voudriez-vous que la France entière... dans la chambre à accoucher de l'Impératrice.....

Le même sénateur : Mais vous-même, monsieur, comment voulez-vous que tous les pompiers.,..

M. Février du Nombril : Vous allez voir : Je les convoque ; je les masse en colonnes au fur et à mesure qu'ils arrivent ; et nous nous dirigeons sur les Tuileries. Evidemment il n'y a pas place pour tout le monde ; la tête entre, la queue reste à la porte.

Un sénateur : Ceux qui entrent sont les pompiers de la première heure, ceux qui restent à la porte sont les pompiers de la dernière heure.

M. de Ste-Bévue, se tortillant : Mais tous pompiers de l'Eure.

M. Février du Nombril : Ne m'interrompez pas. Voilà donc tous mes pompiers aux Tuileries, les tambours battent : plan, plan, ran, les musiques jouent : dzing, boumm, boumm. Et l'arrière neveu de la colonne reçoit le jour au milieu de celles des pompiers. Il devient l'enfant des pompiers (Bravos prolongés).

M. de Ste-Bévue : Comme cela les pompiers auront un père et un enfant. Il me semble qu'il leur faudrait bien une mère.

Uu sénateur : Oui ; comme les compagnons charpentiers, une mère pour leur donner à boire.

M. Février du Nombril : Je leur trouverai cela. Pour moi ce ne sera pas la mer à boire (On rit).

Son Exc. M. Troplat : Messieurs, soyons sérieux. La proposition de l'honorable M. Février du Nombril a plus de portée que vous ne le pensez peut-être. Ce n'est qu'en s'appuyant sur les masses que l'empire sera impérissable (Applaudissements) !

Je propose le renvoi à la commission de l'introduction des Ambassadeurs (Appuyé ! appuyé !)

Le Révérend père Signy : Prenez-garde, messieurs, vous allez créer des catégories. Cela est mauvais—L'empire est démocratique, démocratique entendez le bien. Pourquoi dès lors créer un privilège en faveur des pompiers.

Quelques voix : (C'est vrai ! C'est vrai !).

M. Février du Nombril : Ah ! vous me demandez pourquoi ?
Hé bien, je vais vous le dire (Écoutez, écoutez). C'est que si par
malheur — ce qu'à Dieu ne plaise — des discordes civiles venaient
à s'allumer parmi nous, je ne compterais que sûr les pompiers
pour les éteindre (Bravos prolongés).

M Tendruy : Je demande la parole.

Son Exc. M Troplat: Vous avez la parole.

M. Tendruy : Je voterai pour le renvoi à la commission, mais
je demande la même faveur pour les lampistes... (mouvement).

M. le duc de Montebeloiso : Pourquoi ?

M. Tendruy : Pourquoi ? Parce que ce n'est que par la diffu-
sion des lumières dans les masses que...

De toutes parts : C'est compris ! Assez ! Assez !

M. le Président consulte le Sénat. Les pompiers et les lampiste
sont renvoyés à la commission de l'introduction des Ambassadeurs.

Son Exc. M. Troplat s'adressant à M. *Février du Nombril :*
Vous ne retournez pas dans votre département ?

M. Février du Nombril : Dieu m'en garde.

Son Exc. M. Troplat : Alors nous vous offrons les honneurs de
sa séance.

M. Février du Nombril : Je vous remercie, M. le président ,
mais je ne puis accepter, je suis attendu chez Chienchinette. (*S'a-
dressant au baron Hausstblag*) : On t'y verra ce soir, n'est-ce pas ?

M. le baron Hausstblag : Oui , ma petite vieille.

M. Février du Nombril échange en sortant un coup-d'œil d'intel-
ligence avec un grand nombre de sénateurs.

La séance, suspendue pendant quelques minutes, est reprise.

M. le duc de l'Effort : Je demande la parole.

Son Exc. M. Troplat: Vous avez la parole.

M. le duc de l'Effort: Messieurs , il n'est je crois pas inutile de
montrer quelle chaude et unanime adhésion rencontre partout en
France le gouvernement si digne de l'empereur, et la politique qu'il
suit avec tant d'éclat. (Bravos prolongés.)

Oui , messieurs, dans la province les cœurs battent à l'unisson
des nôtres. (Applaudissements.)

Je veux vous donner lecture des termes chaleureux d'une lettre
que je viens de recevoir à l'instant même. (*Lisant*) : Monsieur...

Une voix: Passez ! Passez !

M. le duc l'Effort : Comment, passez ! Je n'ai encore rien lu. Mais c'est égal, pour vous donner satisfaction je vais passer à la conclusion.

Mon correspondant parle de la révolution (Pouah ! Horreur !).

Lisant : « Ce n'est rien d'abord, mais peu à peu — on l'a tou-
« jours remarqué — cela suit un développement en quelque sorte
« fatalement régulier.

« Vous ne sauriez trop vous hâter d'y apporter un remède.

« Hé bien ! monsieur, je vous le dis en toute sincérité. — Et je
« vous prie de croire que j'ai étudié la question.—Il n'y a pas deux
« partis à prendre. Si vous la laissez sans la contenir vous restez sous
« le coup d'un danger permanent. Prenez-y garde, bientôt il ne sera
« peut-être plus temps. Dès que vous ne pourrez plus la réduire vous
« serez perdu. » (Sensation.)

Plusieurs sénateurs : Nous la réduirons ! nous la réduirons !

Le maréchal Randonnoux : Nous saurons tirer le glaive si c'est nécessaire, et abattre sa tête hideuse. (Bravos !)

M. le duc de l'Effort continuant sa lecture : « ..... Il faut donc
« chercher à la comprimer. (Très-bien !) Oui, monsieur, la compres-
« sion, il n'y a que cela, (Très-bien ! très-bien !) mais la compression
« douce, graduée, intelligente ! en un mot, l'emploi d'un système
« élastique et ferme à la fois.

« Je ne vois rien de mieux que le ressort d'acier. »

Le maréchal Randonnoux : Le fer, le feu au besoin. (C'est cela ! c'est cela !).

Le ventriloque, sur le fauteuil du docteur Couilleau : Mais c'est une lettre de son bandagiste herniaire qu'il nous lit ! (Explosion d'hilarité.)

Son Exc. M. Troplat : J'ignore si la lettre dont notre honorable collègue vient de nous lire des fragments est réellement d'un ami de l'ordre et de la dynastie, ou bien d'un simple bandagiste. Pourtant le ton de conviction qui y respire me porterait à croire qu'elle n'é-mane pas de l'un de ces industriels. (C'est vrai ! c'est vrai !)

Je dois néanmoins l'avouer, l'un et l'autre me semble possible, mais les rires qui se sont produits tout à l'heure ne m'en paraissent pas moins tout à fait déplacés.

Car, messieurs, remarquez-le, ou la lettre que vous venez d'enten-dre émane bien d'un ami de l'Empire, et s'il en est ainsi l'interruption du docteur Couilleau ne se justifie pas. Ou cette lettre est bien celle d'un bandagiste, et alors cela prouve que M. le duc de l'Effort en a fait un. Il est déjà assez à plaindre pour cela, et c'est mal à vous dans ce cas de venir l'affliger encore par vos sarcasmes. (Marques unanimes d'approbation.)

M. Bijou d'Ecrin : Si pour tuer le temps, nous rapportions quelques pétitions (C'est cela ! c'est cela !)

Une voix : Mais les rapports ne sont pas prêts !

M. Bijou d'Ecrin : Sachez que j'en ai toujours de prêts. En voulez-vous un sur l'abrogation de l'art. 75 ? En voulez-vous un sur les petits oiseaux ?

M. le duc de Montebeloiso : A propos d'oiseau, il y un œuf qui tarde bien à se casser. Mon Dieu que je suis impatient ! Je crois qu'aux Tuileries ils n'ont pas de bon médecin.

Ah ! Je leur en sais un... Si on l'avait...

M. *de Ste-Bévue* : Que Nélaton.... (Rires.)

M. *le comte Sédur d'Etsisseau* : Cet animal-là a trop d'esprit pour être au Sénat. Il faudra que nous trouvions le moyen de le chasser.

M. *le duc de Montebeloiso* : Mon Dieu ! que je voudrais entendre enfin le canon des Invalides.

A ce moment, Son Exc. M. Troplat se baisse pour ramasser son mouchoir; un bruit sec, très-caractérisé , mais qu'avec la meilleure volonté du monde il est impossible de confondre avec le canon des Invalides se fait entendre.

Le ventriloque, d'une voix stridente, sur le fauteuil du vieux général X. : Vive l'Empereur ! Vive notre Président !

Quelques sénateurs, pour faire comme leur collègue : Vive notre Président !

Le Ventriloque, à la même place : C'est un mâle !

Tous les sénateurs croient que c'est la grande nouvelle qui vient d'être annoncée. Cris enthousiaste de : Vive l'empereur ! vive notre président ! vive l'empereur ! Dieu soit loué ! ô France es-tu heureuse !

M. *le duc de Montebeloiso :* L'empire a eu un commencement, il n'aura pas de fin !

Son Ecx. M. Troplat, furieux : Messieurs....

Un grand nombre de sénateurs : L'Adresse ! l'Adresse ! Formulons notre enthousiasme.

Son Exc. M. Troplat, de plus en plus furieux: Messieurs...

M. *le duc de Montebeloiso, avec véhémence, s'adressant au Président :* Vous devriez partager notre enthousiasme. Je dirai plus, le signal aurait dû partir du fauteuil présidentiel.

Son Exc. M. Troplat : Imbécile ! C'est bien de là qu'il est parti !

Tous : A l'ordre ! A l'ordre !

Son Exc. M. Troplat, : s'animant Oui ! Je vous rappelle tous à l'ordre, tas de crétins, de vieux ramollis.

Et on ne me donne que trois cent mille francs pour présider et conduire de semblables bourriques (Oh ! Oh ! Ce n'est pas parlementaire !) Ah ! par exemple, c'est moi qui vais me faire augmenter ou je donne carrément ma démission.

De toutes parts : Ne la donnez pas ! Ne la donnez pas !

M. *le comte Sedur d'Etsisseau :* Nous nous devons tous à l'Empire et l'Empire ne nous doit rien.

Une voix : Comment ! et nos trente mille francs par an ? (C'est juste ! c'est juste).

Une autre voix : Nous nous ferons augmenter en même temps que notre président. La France est assez riche pour payer sa gloire.. et ses illustrations par dessus le marché (Oui ! Oui ! approbation générale. Applaudissements).

Pendant ce temps le président parle avec animation à quelques sénateurs qui se sont approchés de lui. Ces sénateurs mettent bientôt leurs collègues au fait. Le Sénat a l'air tout déconfit !

Plusieurs sénateurs : Nous vous devrions presque des excuses M. le Président.

Son Exc. M. Troplat : Non ; Allez. Ça m'a fourni l'occasion de vous dire des vérités que j'avais depuis longtemps sur le cœur. Ne parlons plus de rien.

De toutes parts : Vive M. le Président !

Son Exc. M. Troplat : Cette fois, messieurs, j'accepte l'ovation.

Uu huissier remet un pli au président.

Son Exc. M. Troplat : Messieurs, je reçois la lettre suivante : Vous allez comprendre mon émotion (mouvement d'attention) *Lisant:*

« Monsieur le président,

« Votre huissier Isidore vient de se conduire avec moi comme le

« dernier des derniers. Je me venge en vous informant qu'il a au-
« jourd'hui donné son emploi à tenir à un de ses amis ventriloque
« et farceur endiablé.

« Méfiez-vous, je ne vous dis que ça.

« Agréez, etc. »

*Les sénateurs sur le fauteuil desquels la voix du ventriloque
se faisait entendre* : Voilà donc l'explication...

Son Exc. M. Troplat : Qu'on se saisisse de ce misérable !

Le Ventriloque, qui est déjà loin : Attends moi sous l'orme !

Un Sénateur : La signature de la lettre que vous venez de lire, M. le
président ?

Son Exc. M. Troplat : Mon Dieu, qu'est-ce qu'elle pourra nous
apprendre...

Reprenant la lettre et lisant :

« Léopoldine »

Ah ! il y a un post scriptum.

Lisant :

« Si vous voulez me venir voir, — 4, rue des Acacias, de 6 à 7
« heures du matin, tous les jours, — je vous donnerai des détails. »

Voix diverses : Allez-y ! n'y allez pas ! allez-y !

Une voix : N'y allez pas, ou gare à Mme Troplate... Je ne réponds
de rien ; je la connais Léopoldine.... (On rit.)

Son Exc. M. Troplat : Vous avez tort de rire, messieurs ; tout
cela est très-embarrassant, et, permettez-moi de le dire, très-grave.
(C'est vrai ! c'est vrai !) Pourtant la difficulté n'est point insoluble.
(Ah ! bast ! ah ! bast !) Que demandons-nous en définitive ? qu'au
dehors les scènes qui ont marqué cette séance soient à jamais ignorées.
Nous ne demandons pas autre chose. (C'est cela ! c'est cela !)

Or nous n'avons pas à craindre l'indiscrétion du Ventriloque qui
aura peur de se faire pincer. (C'est évident ! c'est évident !)

Nous n'avons donc à nous prémunir que contre notre propre indiscrétion. (Oui ! oui !)

Eh bien ! engageons-nous par une promesse solennelle à ne jamais
révéler à âme qui vive rien de ce qui s'est passé ici aujourd'hui.

M. de Mauvaipas : Engageons-nous par serment.

M. le comte Sedur d'Etsisseau : Oh ! mon Dieu, le serment est-il une garantie de plus.... l'Empereur lui-même?... (Bruit.)

Son Exc. M. Troplat : Autrefois c'est possible ; mais aujourd'hui c'est bien autre chose. (Approbation générale.)

Chaque Sénateur prête individuellement serment, et la séance est levée, un exprès du Château étant venu annoncer que la naissance impériale était remise à huitaine.

Le secrétaire-rédacteur ,

T. JOLIVET.

Septembre 1870.

———

LYON , IMP. LABAUME , C. LAFAYETTE , 5.